PREMIER LIVRE

DE

LECTURE

PUBLIÉ

AVEC PERMISSION DE L'AUTORITÉ ECCLÉSIASTIQUE

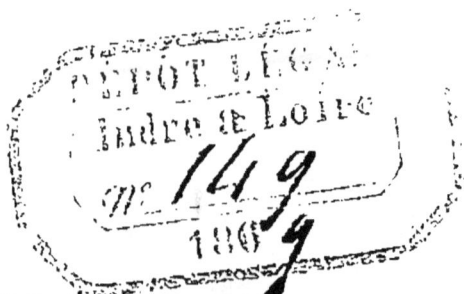

CHEZ LES ÉDITEURS

TOURS	PARIS
ALFRED MAME ET FILS	POUSSIELGUE FRÈRES
Imprimeurs-Libraires	Rue Cassette, 27

1869

Tout Exemplaire qui ne sera pas revêtu des trois signatures ci-dessous, sera réputé contrefait.

Les Éditeurs,

PREMIER LIVRE DE LECTURE

Ire PARTIE

1re LEÇON.

Étude des syllabes directes (1).

Voyelles : **a é i**

Consonnes : **b d p**

Préparation syllabique.

b	ba	bé	bi
d	da	dé	di
p	pa	pé	pi

Exercice.

pa-pa,   bé-bé,   bi-bi

pi-pé,   da-da,   pi-pa

---

(1) Celles qui sont terminées par une voyelle.

2e LEÇON.

Voyelles : a é i — o u

Consonnes : b d p — v t j

Préparation syllabique.

v	va	vé	vi	vo	vu
t	ta	té	ti	to	tu
j	ja	jé	ji	jo	ju
«	bo	do	du	po	pu

1er *Exercice.*

bo-bo, do-do, ta-ta, ti - ti
pa-vé, ta-pé, da-té, ja-pé
ju-bé, vo - té, bu-té, vi-dé

2e *Exercice.*

é-pi, é-vi-té, dé-pa-vé
a-pi, o-bé-i, dé-vi-dé
é-té, é-va-dé, dé-pu-té

3ᵉ LEÇON.

Voyelles : a é i - o u — e

Consonnes : b d p - v t j — l m r

Préparation syllabique.

l	la	lé	li	lo	lu	le
m	ma	mé	mi	mo	mu	me
r	ra	ré	ri	ro	ru	re
«	be	de	pe	ve	te	je

1ᵉʳ *Exercice.*

mi-mi, lo-lo, jo-li, mi-di
da-me, ro-be, ri-re, de-mi
la-me, ra-re, lo-to, li-me

2ᵉ *Exercice.*

é-tu-de, pe-lo-te, la pi-pe
o-li-ve, pa-ro-le, le pa-pe
a-va-re, do-ru-re, la da-te

4ᵉ LEÇON

Voyelles : **a é i - o u - e — è**

Consonnes : **b d p - v t j - l m r - n s f**

Préparation syllabique.

n	na	né	ni	no	nu	ne
s	sa	sé	si	so	su	se
f	fa	fé	fi	fo	fu	fe
»	bè	dè	pè	vè	tè	jè
»	lè	mè	rè	nè	sè	fè

Exercice.

pè-re, mè-re, fè-ve, fi-lé

sè-ve, se-mé, lu-ne, no-te

fa-de, sa-lé, fa-né, so-fa

le sa-me-di, la na-tu-re

la fa-mi-ne, le fi-dè-le

5e LEÇON.

Voyelles : **a o u**   Voyelles : **a é i e**

Consonnes : **c g**   Consonne : **k**

Préparation syllabique.

c   ca   co   cu   »

g   ga   go   gu   »

k   ka   ké   ki   ke

1er *Exercice.*

co-co, ca-ve, ga-re, cu-ve
ca-fé, go-bé, dé-ca, cu-ré
ki-lo, ké-pi, co-ke, ga-la

2e *Exercice.*

é-co-le, co-lè-re, ca-ba-ne
é-ga-ré, fi-gu-re, lé-gu-me
é-cu-me, ca-ra-fe, ca-na-pé

6e LEÇON.

Voyelles : a é i o u e è — y (1)

Consonnes : z x — h q (1)

Exercice.

z   zè-de, zé-ro, zè-le, zé-lé

x   ta-xe, fi-xe, lu-xe, bo-xe

Alphabet minuscule.

a b c d e f g h i j k l

m n o p q r s t u v x y z

Alphabet majuscule.

A B C D E F G H I J K L

M N O P Q R S T U V X Y Z

Chiffres.

0 1 2 3 4 5 6 7 8 9

---

(1) Ces lettres seront employées aux leçons suivantes.

Des signes.

accent aïgu	accent grave	accent circonflexe
cédille	apostrophe	tréma

1ᵉʳ *Exercice.*

é è ê à â ô î û

ç c' d' j' l' m' n' s' t'

2ᵉ *Exercice.*

â-me, tê-te, dî-né, cô-té

fê-te, sû-re, pâ-té, vê-tu

gî-te, cô-te, bâ-ti, gâ-té

L'apostrophe ne change pas le son.

l'a-mi, l'a-bî-me, l'é-bè-ne

l'â-ne, l'a-rê-te, l'u-ni-té

l'î-le, l'é-pi-ne, l'a-ra-be

8ᵉ LEÇON.

Étude des lettres équivalentes (1).

Préparation syllabique.

c = s   cé   cè   ce   ci

ç = s   ça   ço   çu   »

g = j   gé   gè   ge   gi

y = i   by   ly   ry   ty

s = z   o-sé,   u-sé,   o-sa

Exercice.

ce-ci,   ce-la,   cé-ci-té

re-çu,   su-ça,   ce-ri-se

ju-ge,   gê-ne,   vi-sa-ge

ru-se,   ro-se,   ti-sa-ne

ly-re,   ju-ry,   ka-by-le

(1) Celles qui ont à peu près la même prononciation.

9ᵉ LEÇON.

1ʳᵉ Étude des syllabes inverses (1).

Préparation syllabique.

a	ab	ad	ac	ap	ar	as
e	ep	er	es	ed	ec	ef
i	ic	ir	if	ib	il	in
o	oc	ob	or	ot	op	og
u	ur	us	ul	ub	uc	ut

Exercice.

ar-me, al-cô-ve, er-mi-te
or-me, or-bi-te, ad-mi-ré
ac-te, or-ga-ne, ar-mu-re
ur-ne, ab-so-lu, es-ti-me
or-né, ac-tu-el, Ar-sè-ne

(1) Celles qui sont terminées par une articulation sonnante, comme : *ar, roc.*

10ᵉ LEÇON.

2ᵉ Étude des syllabes inverses.

Exercice syllabique.

a	bac	cal	car	par	cap
e	mer	fer	ver	sec	bec
i	pic	tir	fil	vif	vil
o	roc	soc	bol	col	sol
u	mur	sur	sud	nul	dur

1ᵉʳ *Exercice.*

ca-nal, ger-me, ma-la-dif
for-ge, mas-tic, gi-ber-ne
bus-te, cap-tif, for-tu-ne
myr-te, bar-be, sys-tè-me
pos-te, lar-me, lec-tu-re
Vic-tor, Pas-cal, Gus-ta-ve

2e *Exercice.*

Le mys-tè-re, le mar-tyr
La mar-mi-te, la bor-du-re
La cas-ca-de, la cul-bu-te
La sar-di-ne, la fac-tu-re
Le cos-tu-me, la lu-car-ne
Le car-di-nal, le ser-vi-ce

3e *Exercice.*

Fé-lix a le ca-rac-tè-re vif.
Le co-lo-nel de la gar-de.
La mor-su-re du rep-ti-le.
L'u-ni-for-me du gé-né-ral.
La cul-tu-re de l'as-per-ge.
Le gym-na-se de l'é-co-le.
Lu-do-vic par-ti-ra mar-di.

11e LEÇON.

**Étude des articulations simples représentées
par deux lettres.**

ch cha-ri-té, che-val, chu-te

gn si-gna-lé, di-gni-té, vi-gne

gu gué-ri-te, guê-pe, gui-de

qu é-vê-que, é-qui-té, quê-te

ph Jo-seph, pha-re, pha-se

1er *Exercice.*

La dé-pê-che,   le chê-ne

Le pa-ra-phe,   la ba-gue

La be-so-gne,   le pé-ché

La mu-si-que,   la bê-che

Le dé-lé-gué,   la po-che

La phy-si-que,   la pê-che

La ba-ra-que,   la cho-se

2e *Exercice.*

L'é-char-pe,   la mar-que

L'é-par-gne,   la co-li-que

É-pi-ta-phe,   le li-qui-de

É-las-ti-que,   la gui-ta-re

Si-gna-tu-re,   la ca-lè-che

Mo-nar-que,   la fa-ti-gue

3e *Exercice.*

Le rè-gne de la vé-ri-té.

L'é-qui-pa-ge ma-gni-fi-que.

A-dol-phe a é-té fa-ti-gué.

La ma-chi-ne de Mar-ly.

Le phé-no-mè-ne na-tu-rel.

L'é-tu-de phi-lo-so-phi-que.

L'or-gue de la ba-si-li-que.

12ᵉ LEÇON.

1ʳᵉ **Étude des articulations composées.**

bl   blâ-me, blê-me, ta - ble
cl   clo-che, clar-té, cla-que
gl   gla - ce, glo-be, rè - gle
fl   flè-che, fleg-me, flû - te
pl   pla-ce, plu-me, pla-ge

1ᵉʳ *Exercice.*

La plu-ra-li-té,   clô-tu-re
La pu-bli-ci-té,   gi-ro-fle
Le vi-gno-ble,   né-gli-gé
La plé-ni-tu-de,   glo-bu-le
Le bloc, le blé,   ré-pli-que
Le club, la clé,   dé-cli-né
La glu, le pli,   dé-cla-ré

2ᵉ Exercice.

Le cler-gé cha-ri-ta-ble.

Il m'ex-pli-que u-ne fa-ble.

U-ne per-te dé-plo-ra-ble.

On a ré-ta-bli l'é-clu-se.

Le plu-ma-ge du cy-gne.

La dé-mar-che blâ-ma-ble.

3ᵉ Exercice.

Le vé-né-ra-ble é-vê-que.

La pu-bli-ci-té du mi-ra-cle.

Le blas-phè-me se-ra pu-ni.

Il a le ca-rac-tè-re fle-xi-ble.

La su-bli-mi-té de la bi-ble.

U-ne é-gli-se ad-mi-ra-ble.

La por-te du ta-ber-na-cle.

13e LEÇON.

2° Étude des articulations composées.

br bra-ve, brè-ve, bri-de

cr crè-me, crâ-ne, cri-me

dr dro-gue, ca-dre, dra-me

fr fru-gal, fri - sé, frè - re

gr gra-ve, grè-ve, gri - ve

pr pro-pre, pri-se, pru-ne

tr tra - ce, trô-ne, trê - ve

vr a - vril, lè - vre, li - vre

1er *Exercice.*

Le mè-tre, le lus-tre, l'ex-tra

Le de-gré, le ci-dre, l'or-dre

Le tré-sor, le cè-dre, l'as-tre

Le su-cre, le sa-bre, l'ar-bre

2e Exercice.

La tra-ver-se, la fe-nê-tre

La gre-na-de, la fré-ga-te

La doc-tri-ne, le pro-di-ge

La brû-lu-re, la fri-tu-re

La pro-pre-té, le pu-pi-tre

La bri-ga-de, le mar-bre

3e Exercice.

Le sa-cri-fi-ce du prê-tre.

Pré-fa-ce d'u-ne bro-chu-re.

La tri-bu-ne du mi-nis-tre.

Du fro-ma-ge de chè-vre.

Un mer-cre-di d'oc-to-bre.

L'é-cri-tu-re de Fré-dé-ric.

La grê-le a bri-sé la vi-tre.

14ᵉ LEÇON.

Étude des sons simples représentés
par deux lettres.

an   an-ge, ma-man,   san-té

eu   Eu-gè-ne,   feu,   jeu-di

in   in-fir-me,   vin,   lin-ge

on   on-cle, mon-de,   ca-non

ou   ou-bli, cou-de,   bi-jou

un   lun-di, cha-cun,   a-lun

Autres formes des sons simples de deux lettres.

am   le tam-bour, la jam-be

im   l'im-por-tun, l'im-pos-te

om   l'om-bra-ge, la tom-be

yn   la syn-ta-xe, syn-co-pe

ym   le sym-bo-le, le tym-pan

um   le par-fum de la fleur.

La tan-te, le neveu, le jeu
La rou-te, la voû-te, le son
La bon-de, la ban-de, le ton
U-ne meu-le de mou-lin.
Si-mon de-meu-re à Me-lun.
Lé-on de-man-de la lam-pe.

2e *Exercice.*

L'in-di-ca-teur du che-min.
An-dré sera im-pri-meur.
La lan-gue mé-di-san-te.
La le-çon du di-man-che.
Mon bon cou-sin Jus-tin
me mon-tre-ra la Fran-ce
sur la car-te d'Eu-ro-pe.

11ᵉ LEÇON.

1ʳᵉ Étude des sons composés.

ia dia-cre, fia-cre, pi-a-no
ié pié-ton, moi-tié, pi-é-té
iè fiè-vre, biè-re, di-è-te
io pio-che, vi-o-lon, fi-o-le
oi boi-re, voi-là, mi-roir
ui cui-vre, fui-te, le cuir

1ᵉʳ *Exercice*

La sou-piè-re, la vic-toi-re
Le di-a-dè-me, la voi-tu-re
La cui-si-ne, du vi-tri-ol
La ma-niè-re, la so-ci-é-té
Le pié-des-tal, le li-qui-de
La ca-fe-tiè-re, la vo-liè-re
Dé-cou-vre-toi, moi-mê-me

2e *Exercice.*

U-ne mé-moi-re de liè-vre.

Le di-a-mè-tre de ce cer-cle.

Gré-goi-re a un bel é-tui.

La ri-viè-re a dé-bor-dé.

Voi-ci la piè-ce de toi-le.

U-ne li-tiè-re dé-cou-ver-te.

3e *Exercice.*

L'é-vê-que de ce di-o-cè-se.

U-ne poi-re pour la soif.

L'a-mi-tié par-ti-cu-liè-re.

An-toi-ne é-vi-te le pié-ge.

La ta-ba-tiè-re du pri-seur.

La lu-miè-re de ce siè-cle.

É-loi a u-ne boî-te noi-re.

16e LEÇON.

2e Étude des sons composés.

ian   la vian-de, mé-fi-an-ce
icu   le mi-lieu, le bon Dieu
ien   le gar-dien, mien, tien,
ion   la ré-gi-on, di-ver-si-on
oin   le té-moin, join-tu-re

1er *Exercice.*

Poin-te, in-va-si-on, pri-eur
Fu-si-on, pa-ri-sien, ga-bi-on
L'u-ni-on, va-ri-an-te, oin-dre
Le li-on, pra-ti-cien, es-pi-on
Join-dre, in-ci-si-on, le sien
A-drien, Fé-li-cien, Ju-lien
Cy-prien, Flo-ri-an, Lu-cien

2ᵉ *Exercice.*

U-ne ri-an-te cam-pa-gne.

La flu-xi-on de poi-tri-ne.

U-ne ré-fle-xi-on pi-eu-se.

Le mé-ri-dien de ce lieu.

La lé-gi-on vic-to-ri-eu-se.

Il a be-soin d'un sou-tien.

3ᵉ *Exercice.*

La re-li-gi-on mè-ne à Dieu.

La ré-u-ni-on é-di-fi-an-te.

La pro-vi-si-on co-pi-eu-se.

U-ne ques-tion cu-ri-eu-se.

L'in-gé-ni-eur mé-ca-ni-cien.

Un bon mu-si-cien i-ta-lien.

Mon an-cien su-pé-ri-eur.

17e LEÇON.

Les lettres finales s t x ne changent pas la prononciation du mot (1).

a pré-lat, re-pas, sol-dats

e vê-pres, per-les, lar-mes

i pro-fit, le prix, per-drix

o re-pos, tri-cot, sa-bots

u ver-tus, sa-lut, tri-buts

an ins-tant, ru-ban, vo-lants

eu je veux, tu peux, il pleut

in rai-sin, il vint, voi-sins

on leç-ons, le pont, ils sont

ou bi-joux, à vous, par-tout

un dé-funt, tri-bun, les uns

(1) Excepté { s dans les monosyllabes *les, des, ses...* { t précédé de e comme *et, duvet, filet...*

1ᵉʳ *Exercice.*

Jé-sus meurt sur la croix.

Le buis est tou-jours vert.

Les ca-drans in-di-ca-teurs.

Il a des jou-joux pré-ci-eux.

C'est le mois des fleurs.

Lou-is re-çoit des pè-le-rins.

Char-les, re-vient de Blois.

2ᵉ *Exercice.*

Ils sont partis de Paris vers mi-nuit et de-mi.

Ils font trois fois plus de bruit que d'ou-vra-ge.

Tout ar-bre qui est bon pro-duit de bons fruits.

18e LEÇON.

Étude des lettres doublées.

bb=b   le sab-bat, un ab-bé

cc=c   ac-co-la-de, oc-cu-pé

dd=d   ad-duc-teur, ad-di-ti-ve

ff=f   dif-fi-cul-té, ef-fi-ca-ce

gg=g   ag-glu-ti-né, ag-gra-vé

ll=l   chan-del-le, bre-tel-le

mm=m   im-mo-bi-le, pom-me

nn=n   l'an-tien-ne, en-ne-mi

pp=p   sup-pli-que, Phi-lip-pe

rr=r   la ser-ru-re, par-ter-re

ss=s   pro-ces-sion, car-ros-se

tt=t   as-su-jet-tir, at-tri-but

ill=ie   Mar-seil-le, mu-rail-le

1er *Exercice.*

Le ros-si-gnol, u-ne clas-se

Le pa-pil-lon, u-ne grap-pe

La che-nil-le , u-ne feuil-le

La gro-seil-le, u-ne nap-pe

La ba-tail-le, u-ne gril-le

La cor-beil-le, u-ne quil-le

2e *Exercice.*

On lui re-jet-te la pier-re.

De-nis n'ac-cu-se per-son-ne.

Le chat at-tra-pe la sou-ris.

Un com-mer-ce de beur-re.

Le ton-ner-re est ter-ri-ble.

La fa-mil-le de ce tail-leur.

Sa-ges-se pas-se ri-ches-se.

19ᵉ LEÇON.

1ʳᵉ Étude des sons équivalents.

e = a   fem-me, la so-len-ni-té
ai = é   j'ai é-té, j'i-rai, j'ô-tai
ez = é   pre-nez, ve-nez, li-sez
er = é   pa-pier, go-sier, ge-ler
ai = è   chai-se, ba-lai, lai-ne
ei = è   pei-gne, vei-ne, rei-ne
et = è   pou-let, du-vet, na-vet

1ᵉʳ *Exercice.*

La ri-ches-se du pa-lais.
L'es-ca-lier de la mai-son.
Ré-ci-tez vo-tre cha-pe-let.
Les bien-faits du Sei-gneur.
Les sei-gles sont mai-gres.

2ᵉ *Exercice.*

Bien tra-vail-ler, c'est pri-er.

Pas de plai-sir sans pei-ne.

Ai-de-toi, le ciel t'ai-de-ra.

La fo-rêt des Ar-den-nes.

Al-lez chez mon fer-mier.

Ju-les fait vo-tre por-trait.

3ᵉ *Exercice.*

Pour plai-re à Dieu, j'o-bé-i-rai à mes maî-tres.

L'o-sier sert à fai-re les nat-tes et les pa-niers.

La gram-mai-re fran-çai-se a de gran-des dif-fi-cul-tés.

J'ai-me mon frè-re aî-né.

20e LEÇON.

2ᵉ Étude des sons équivalents.

au = ô l'au-to-ri-té, au-ro-re

eau = ô le dra-peau, ta-bleau

en = an un en-fant, pa-rent

em = an no-vem-bre, em-pi-re

en = in eu-ro-pé-en, men-tor

ent = e ils par-lent, ils rient

aient = è el-les ri-aient, li-saient

1ᵉʳ *Exercice.*

Les che-vaux, l'en-clu-me

L'abs-ti-nen-ce, la dé-fen-se

L'au-di-en-ce, le mar-teau

Un ven-dre-di, les ri-deaux

Tem-pé-ran-ce, les ci-seaux

Sep-tem-bre, dé-cem-bre

2e *Exercice.*

J'a-do-re la Pro - vi-den-ce.

U-ne pau-se d'un mo-ment.

L'in-ten-dan-ce mi-li-tai-re.

Les a-gneaux du trou-peau.

Ces jeu-nes gens s'é-ga-rent.

Lau-rent a fait l'au-mô-ne.

3e *Exercice.*

L'en-cens est l'em-blè-me
de la pri-è-re fer-ven-te.

Le sym-bo-le des a-pô-tres
con-tient l'en-sem-ble des
vé-ri-tés qu'il faut croi-re.

Don-ner aux pau-vres,
c'est prê-ter à Dieu.

3e Étude des sons équivalents.

ti=ci	la na-ti-on,	pa-ti-en-ce
g =je	le pi-geon,	le geô-lier
ch=k	chré-tien,	cho-ris-te
x=gz	Xa - vier,	l'ex-em-ple
x=z	di-xiè-me,	deu-xiè-me
y=ii	mi-toy-en,	un cray-on

1er *Exercice.*

La créa-ti-on, le pay-sa-ge

É-du-ca-ti-on, les moy-ens

Je dé-lo-geai, il man-gea

L'ex-é-cu-ti-on, les tuy-aux

Pré-cau-ti-on, chro-ni-que

Chris-to-phe, l'ar-chan-ge

2ᵉ *Exercice.*

Le roy-au-me des cieux.
U-ne é-clip-se par-ti-el-le.
Les voy-el-les de l'al-pha-bet.
La po-pu-la-ti-on mar-ti-a-le.
Geor-ges a fait at-ten-ti-on.
C'est le si-xiè-me ex-er-ci-ce.

3ᵉ *Exercice.*

Soy-ons fi-dè-les aux lois.
Il faut pay-er ses det-tes.
Les or-phe-lins du cho-lé-ra.
Ils trem-blent de fray-eur.
Le ju-ge-ment im-par-ti-al.
L'a-na-cho-rè-te vit seul.
Le dix-neuf du mois de juin.

22ᵉ LEÇON.

Étude sur quelques difficultés.

sc   scri - be ,   sca-pu-lai-re

sp   spé-ci-al ,   spé-ci-fi-que

st   sta-ti-on ,   stra-ta-gè-me

ps   psau-me ,   psal-mo-dier

œ   œu - vre ,   sœur,   cœur

ïë   la-ï-que ,   Sa-ül,   No-ël

Lettres nulles dans certains mots:

a   la Saô-ne, *a*oût,   le s*a*int

e   p*e*in - tre , Jean ,   le fr*e*in

e   mai - ri*e* , fu-sé*e*, sta-tu*e*

e   la jou*e* , crai*e* , To-bi*e*

o   le pa*o*n, La*o*n, le fa*o*n

h   *h*om-me, *h*é-ros, *H*en-ri

b.c..   le plom*b*, blan*c*, l'ou-ti*l*

1er Exercice.

La Sain-te Vier-ge Ma-ri*e*.

Les pro-phé-ti*es* d'I-sa-ï*e*.

Un dis-cours plein de vi*e*.

Un chœur de ca-*t*hé-dra-le.

Che*f*-d'œu-vre de sculp-tu-re.

Ex-pé-rien-ce pas-se scien-ce.

2o Exercice.

J'ai *eu* l'*h*on-neur de par-ler à mon-sieu*r* le Mai-re.

*H*ier, au-jour-d'*h*ui et de-main se sui-ve*nt* de près.

J'ai été ba*p*-ti-sé au nom du Pè-re, et du Fi*l*s, et du Saint-Es-prit.

23ᵉ LEÇON.

Étude de la liaison des mots (1).

b Job=était très-pa-ti-ent.

d Da-vid=est re-con-nu roi.

f Un chef=en-tre-pre-nant.

l Un mal=in-to-lé-ra-ble.

m Sem, Cham=et Ja-phet.

n Il m'a fait bon=ac-cueil.

p Je suis trop=à l'é-troit.

q Vois le coq=et la pou-le.

r Il sait par-ler=à pro-pos.

t C'est=un bon pot=au-feu.

x L'in-dex=et le ma-jeur.

z Par-lez=au con-cier-ge.

---

(1) Ce signe = entre deux mots indique qu'il faut faire sonner la consonne finale du premier.

Liaisons particulières.

s=z Les=yeux, les=o-reil-les.

x=z Dix=œufs, deux=a-mis.

c = k Du ta-bac=en pou-dre.

g=k Le sang=in-no-cent.

f = v Neuf=ans, vif=ar-gent.

d=t Un froid = ex-ces-sif.

rd=r Ve-nir tard=à l'é-co-le.

rt=r Paul court=à sa per-te.

L'e muet final n'empêche pas la liaison.

U-ne = ar-moi-re = ou-ver-te.

No-tre=â-me =im-mor-tel-le.

L'h aspirée empêche la liaison.

Les *ha*-ri-cots, les *ha*-rengs.

Ces *hé*-ros se *ha*-sar-dent.

LECTURE SYLLABIQUE

24ᵉ LEÇON.

Perfections divines.

1. Dieu est un es-prit in-fi-ni-ment par-fait.

2. Il est é-ter-nel, c'est-à-di-re qu'il n'a pas eu de com-men-ce-ment et qu'il n'au-ra pas de fin.

3. Il est in-fi-ni-ment bon, fai-sant du bien, non-seu-le-ment à ses a-mis, mais mê-me à ceux qui l'of-fen-sent.

4. Il est tout-puis-sant, puis-

que de rien il a fait le ciel
et la ter-re, c'est-à-di-re tout
ce qui frap-pe nos sens : le
so-leil, la lu-ne, les é-toi-les,
les plan-tes, les a-ni-maux...

5. C'est lui qui, a-près nous
a-voir cré-és nous-mê-mes,
nous con-ser-ve, et qui, comme un bon et ten-dre pè-re,
nous don-ne tou-tes les cho-ses
dont nous a-vons be-soin.

6. Nous de-vons le re-mer-
cier de tous ses dons, et en
fai-re un saint u-sa-ge; car un
jour il nous en de-man-de-ra
comp-te.

25ᵉ LEÇON.

Nos devoirs envers Dieu.

1. Nous de-vons croi-re en Dieu, l'ai-mer, l'a-do-rer, le ser-vir, et es-pé-rer en lui.

2. Nous de-vons croi-re, c'est-à-di-re ê-tre per-su-a-dés qu'il y a un Dieu en trois per-son-nes, le Pè-re, le Fils et le Saint-Es-prit, et que ces trois per-son-nes ne font qu'un seul Dieu, par-ce qu'el-les n'ont qu'u-ne mê-me na-tu-re et u-ne mê-me di-vi-ni-té.

3. Nous de-vons l'ai-mer, c'est-à-di-re a-voir pour lui u-ne sin-cè-re af-fec-ti-on;

4. L'a-do-rer, c'est-à-di-re lui a-dres-ser de fer-ven-tes pri-è-res, le ma-tin, le soir et de temps en temps pen-dant la jour-née;

5. Le ser-vir, c'est-à-di-re ob-ser-ver ses com-man-de-ments.

6. Nous de-vons pen-ser qu'il nous voit et res-pec-ter sa pré-sen-ce en tous temps et en tous lieux; la nuit com-me le jour, seuls com-me en com-pa-gnie.

7. Nous de-vons rem-plir ces de-voirs en-vers Dieu, non-seu-le-ment pen-dant no-tre jeu-nes-se, mais en-co-re pen-dant tou-te no-tre vie.

26ᵉ LEÇON.

Amour des parents pour leurs enfants.

1. Vos pa-rents sont bien bons pour vous, mes chers a-mis : cha-que jour et à cha-que ins-tant ils vous en don-nent de nou-vel-les preu-ves.

2. Ils font tout ce qui leur est pos-si-ble pour vous ren-dre heu-reux.

3. Vo-tre pè-re ne tra-vail-le pour ain-si di-re que pour vous; vo-tre ten-dre mè-re ne pen-se qu'à vous, ne s'oc-cu-pe que de vous, et de-puis que vous ê-tes au mon-de el-le

n'a ces-sé de vous pro-di-guer les soins les plus af-fec-tu-eux.

4. Pour re-con-naî-tre tous ces bien-faits vous de-vez les ai-mer, les res-pec-ter, leur o-bé-ir, et pri-er Dieu de les bé-nir.

5. Vous de-vez aus-si re-ce-voir a-vec re-con-nais-san-ce ce qu'ils vous don-nent, ne pas ê-tre e-xi-geants ni dif-fi-ci-les, soit pour la nour-ri-tu-re, soit pour les vê-te-ments;

6. Ne ja-mais mur-mu-rer, vous plain-dre, cri-er, bou-der: tout ce-la dé-no-te-rait en vous un mau-vais cœur, une mau-vai-se é-du-ca-ti-on.

27ᵉ LEÇON.

Des personnes que nous devons le plus aimer.

1. Les per-son-nes qu'un en-fant doit le plus ai-mer sur la ter-re, c'est d'a-bord son pè-re et sa mè-re.

2. Il doit leur té-moi-gner cet a-mour par son res-pect, par sa sou-mis-si-on à leurs or-dres, et par son ap-pli-ca-ti-on à leur ren-dre tous les ser-vi-ces qui sont en son pou-voir.

3. Il doit aus-si ai-mer ses frè-res et ses sœurs, son grand-pè-re et sa grand'-mè-re, ses on-cles et ses tan-tes, ain-si

que son par-rain, sa mar-rai-ne,
ses cou-sins et ses cou-si-nes.

4. Il doit é-ga-le-ment ai-mer
ses bien-fai-teurs, c'est-à-di-re
tou-tes les per-son-nes qui lui
ont ren-du, et qui lui ren-dent
quel-que ser-vi-ce.

5. Un bon chré-tien doit
ai-mer non-seu-le-ment ses
a-mis, mais mê-me ses en-ne-
mis, et leur fai-re tout le bien
qu'il vou-drait qu'on lui fît à
lui-mê-me : c'est Jé-sus-Christ
qui nous le com-man-de.

6. Ce-lui qui n'ai-me pas son
pro-chain, ne peut pas ai-mer
Dieu, ni al-ler au ciel.

28e LEÇON.

L'enfant raisonnable.

Pa-pa et ma-man sont con-
tents de moi :

1. Par-ce que je me lè-ve
aus-si-tôt qu'on m'ap-pel-le, et
que je dis ma pri-è-re a-vec
mo-des-tie et pi-é-té ;

2. Par-ce que je me tiens
très-pro-pre, que j'ai bien soin
de mes ef-fets, et que j'é-tu-die
soi-gneu-se-ment mes le-çons.

3. Ils m'ont don-né u-ne bel-
le o-ran-ge et u-ne gros-se poi-
re, et moi j'en ai don-né la
moi-tié à mon pe-tit frè-re et
à ma pe-ti-te sœur, par-ce

qu'ils sont bien sa-ges, et que
je les ai-me beau-coup.

4. Quand ils se-ront plus
grands, nous i-rons nous pro-
me-ner en-sem-ble dans le jardin de no-tre on-cle; nous nous
a-mu-se-rons avec nos pe-tits
cou-sins, et a-vec leurs a-mis.

5. Mon on-cle, qui est très-
bon, nous don-ne-ra, pour notre goû-ter, des pom-mes, des
poi-res, des ce-ri-ses, etc.

6. Nous lui de-man-de-rons
des fleurs pour en fai-re un
jo-li bou-quet, que nous por-
te-rons à ma-man.

29ᵉ LEÇON

Amour de l'école.

1. Au-tre-fois je ne vou-lais pas al-ler à l'é-co-le, par-ce que j'é-tais trop pe-tit, et que je n'a-vais pas as-sez de rai-son.

2. Mais à pré-sent que je suis de-ve-nu plus grand et plus rai-son-na-ble, je suis con-tent d'y al-ler, par-ce que je veux ap-pren-dre à li-re, à é-cri-re, et beau-coup d'au-tres cho-ses.

3. Dé-jà je sais un peu li-re. Je comp-te jus-qu'à cent, et je fais, sans me trom-per, de pe-ti-tes ad-di-ti-ons. Je puis ré-ci-ter sans fau-te plu-sieurs pri-è-

res, com-me *No-tre Pè-re*, —
Je vous sa-lue, Ma-rie, et quelques au-tres.

4. Je com-men-ce à for-mer
as-sez bien les let-tres de l'al-
pha-bet et plu-sieurs chif-fres.

5. Pa-pa m'a pro-mis u-ne
jo-lie cas-quet-te, et ma-man
un ha-bit tout neuf, pour al-ler
à la mes-se le di-man-che.

6. Mon pro-fes-seur me don-
ne-ra aus-si un jo-li li-vre
do-ré sur tran-che.

7. C'est pour ce-la que je
m'ap-pli-que-rai bien, et que je
se-rai sa-ge et si-len-ci-eux, pensant que Dieu me voit.———

30e LEÇON.

Le bon élève.

1. L'en-fant qui veut plai-re à Dieu et à ses pa-rents, pro-fi-te de tous les moy-ens qui lui sont don-nés pour s'ins-trui-re et se for-mer à la ver-tu.

2. Il ai-me l'é-co-le et la fré-quen-te a-vec plai-sir; et ce qui le prou-ve, c'est qu'il y ar-ri-ve pres-que tou-jours un des pre-miers.

3. Il est sa-ge et très-hon-nê-te; sa con-dui-te est ex-cel-len-te : il gar-de le si-len-ce, il é-tu-die bien ses le-çons.

4. Il é-cou-te a-vec u-ne

gran-de at-ten-ti-on les ex-pli-ça-
ti-ons don-nées par le maî-tre.

5. Com-me il fait tou-jours
bien son de-voir, il n'est jamais sur les mau-vai-ses lis-tes.

6. Il est tou-jours pro-pre et
tient en bon é-tat tout ce qui
est à son u-sa-ge.

7. Com-me il sait bien ses
le-çons, il ga-gne des pla-ces;
et, pour le ré-com-pen-ser, le
maî-tre lui mar-que des bonnes no-tes. Il lui a aus-si pro-
mis u-ne i-ma-ge de la très-
sain-te Vier-ge.

8. Tout le mon-de ai-me les
en-fants sa-ges et pi-eux.——

31ᵉ LEÇON.

Dispositions d'un bon élève.

1. Ce ma-tin j'ai ga-gné deux pla-ces pour la lec-tu-re, trois bons points pour la sa-ges-se et deux pour mon appli-ca-ti-on.

2. Je veux m'ap-pli-quer en-co-re mieux de-main et tous les au-tres jours, pour a-voir la croix à la fin de la se-mai-ne, des ré-com-pen-ses à la fin du mois, et des prix aux va-can-ces.

3. A-vant d'al-ler jou-er et de m'a-mu-ser, j'é-tu-die-rai mes le-çons, et je prie-rai pa-pa ou ma-man, ou quel-que au-tre de la mai-son, de me les fai-re ré-

ci-ter, pour voir si je les sais
et si je les com-prends bien.

4. Mon on-cle et ma tan-te
m'ont pro-mis u-ne jo-lie pe-
ti-te voi-tu-re, pour m'a-mu-
ser a-vec mes pe-tits ca-ma-
ra-des, si je ga-gne des prix.

5. Pa-pa et ma-man m'ont
pro-mis aus-si u-ne bel-le
ré-com-pen-se et u-ne très-a-
gré-a-ble ré-cré-a-ti-on.

6. Mais, pour moi, la plus
bel-le ré-com-pen-se, c'est de
leur fai-re plai-sir.

7. C'est la grâ-ce que je de-
man-de à Dieu tous les jours.

Ce que l'on voit dans une classe.

1. Je vois, dans les clas-ses, des por-tes, des fe-nê-tres, des murs, des cloi-sons;

2. Des ta-bles pour é-cri-re et pour po-ser les li-vres et au-tres ob-jets dont on se sert;

3. Des li-vres pour li-re et pour é-tu-di-er les le-çons;

4. Des ta-bleaux noirs sur les-quels on é-crit a-vec de la craie blan-che;

5. Des meu-bles, com-me ar-moi-res, bu-reaux et au-tres, à l'u-sa-ge des maî-tres et des é-lè-ves.

6. Je vois aus-si des en-fants par-mi les-quels plu-sieurs li-sent, les au-tres é-cri-vent, etc.

7. Tous é-cou-tent le maî-tre lors-qu'il don-ne sa le-çon. Tous font la pri-è-re en-sem-ble.

8. Lors-que nous sor-tons dans la cour pour nous re-po-ser un peu, nous voy-ons, dans le jardin, des fruits de tou-tes sor-tes: des pom-mes, des poi-res, des pê-ches, des a-bri-cots, des ce-ri-ses; il y a aus-si de bel-les fleurs; mais nous ne tou-chons à rien, par-ce que ce se-rait u-ne fau-te.

Conjugaisons.

1. Je me suis le-vé ce ma-tin
dès que ma-man m'a é-veil-lé;
j'ai fait ma pri-è-re et je suis
al-lé di-re bon-jour à mes parents.

2. Tu se-ras ré-com-pen-sé,
par-ce que tu as su ta le-çon.

3. Lou-is s'est bien ap-pli-
qué; c'est pour-quoi il a ga-gné
des pla-ces à la com-po-si-tion.

4. Nous a-vons mé-ri-té des
lou-an-ges pour no-tre as-si-dui-
té à l'é-co-le, et pour no-tre ap-
pli-ca-ti-on à l'é-tu-de des le-
çons de lec-tu-re et d'é-cri-tu-re.

5. Vous a-vez mé-ri-té des ré-com-pen-ses, par-ce que vous a-vez bien su vos le-çons.

6. Paul et Hen-ri ont é-té sa-ges et la-bo-ri-eux; c'est pour-quoi on les a ré-com-pen-sés gé-né-reu-se-ment.

7. J'é-tu-die ma le-çon de ca-té-chis-me et de gram-mai-re.

8. Tu lis u-ne bel-le his-toi-re et u-ne jo-lie fa-ble.

9. Lé-on é-crit u-ne let-tre à son pa-pa et à sa ma-man.

10. Nous li-sons nos le-çons.

11. Vous cou-rez très-vi-te.

12. Ro-bert et An-dré se pro-mè-nent dans l'al-lée.———

34e LEÇON

Bon emploi de la semaine.

1. Nous al-lons à l'é-co-le le lun-di, le mar-di et le mer-cre-di de cha-que se-mai-ne.

2. Le jeu-di nous a-vons con-gé; c'est-à-di-re que nous res-tons chez nos pa-rents pour nous re-po-ser, pour fai-re les com-mis-si-ons qu'on nous don-ne, et é-tu-di-er les le-çons que nous a-vons à ap-pren-dre pour le len-de-main.

3. Le ven-dre-di et le sa-me-di nous re-tour-nons à l'é-co-le.

4. Cha-que jour on com-men-ce la clas-se par la pri-è-re;

vien-nent en-sui-te la lec-tu-re,
l'é-cri-tu-re, l'or-tho-gra-phe et
les au-tres le-çons.

5. On nous re-com-man-de
le si-len-ce et l'ap-pli-ca-ti-on
à nos de-voirs, la pro-pre-té,
la bon-ne te-nue de nos livres et de nos ca-hiers.

6. Pour nous en-cou-ra-ger,
on nous don-ne des bon-nes
no-tes, des bons points, des
i-ma-ges et au-tres ré-com-
pen-ses, et on nous pro-met
des prix et des cou-ron-nes
pour les va-can-ces.

35ᵉ LEÇON.
Justice de Dieu.

1. Nous avons dit que Dieu est infiniment bon ; et ce qui le prouve, c'est qu'il fait du bien à tous les hommes, même à ceux qui l'offensent.

2. Mais il est aussi infiniment juste, et c'est pour cela qu'un jour il récompensera ceux qui auront fait de bonnes œuvres, et qu'il punira ceux qui en auront fait de mauvaises.

3. Rien de plus convenable !

4. Et, en effet, serait-il juste

qu'un méchant homme fût traité comme celui qui est vertueux et qui remplit bien ses devoirs? Non, assurément!

5. Un père de famille avait deux domestiques, Paul et René. Le premier faisait bien tout ce que son maître lui disait, l'autre le faisait très-mal.

6. Paul fut récompensé et René fut puni.

7. C'est-à-dire que le père de famille les traita, l'un et l'autre, selon leurs œuvres.

8. C'est ainsi que Dieu en usera envers nous, au moment de notre mort.————

2*

36ᵉ LEÇON.

Création de l'homme.

1. Nous n'avons pas toujours été en ce monde, et il n'y a pas même bien longtemps que nous y sommes.

2. C'est donc Dieu qui seul est éternel et tout-puissant, qui nous a créés, c'est-à-dire qu'il nous a faits de rien, et par un seul acte de sa volonté.

3. C'est Dieu aussi qui nous a donné tout ce que nous avons et tout ce que nous possédons:

4. Notre âme et ses facultés, c'est-à-dire la mé-

moire, la volonté et l'intelligence ou le jugement.

5. Il nous a donné notre corps et tous ses sens : nos yeux pour voir, nos oreilles pour entendre, notre langue pour parler, nos pieds pour marcher, et nos mains pour travailler, suivant ses desseins.

6. Un brave homme disait que Dieu nous a donné nos sens et nos facultés, comme des outils, pour le servir et gagner notre vie; mais qu'il faudra les lui rendre en bon état, et non gâtés ni souillés par le péché.

———

L'ange et l'homme.

1. Les plus parfaites créatures de Dieu sont les anges et les hommes.

2. Les anges n'ont pas de corps : ce sont de purs esprits que Dieu a créés pour être comme ses ministres.

3. Chacun de nous a un de ces anges qui le garde, le protége et le défend contre les ennemis de notre salut.

4. L'homme a été créé pour connaître Dieu, l'aimer, le servir, et, par ce moyen, acquérir la vie éternelle.

5. Le premier homme se nomme Adam, et la première femme se nomme Ève.

6. Adam et Ève sont nos premiers parents, parce que nous descendons tous d'eux.

7. Adam et Ève avaient été créés innocents; mais ils perdirent cette prérogative par leur désobéissance.

8. Dieu usa de miséricorde envers eux, car au lieu de les punir comme ils le méritaient, il leur promit un Rédempteur, et ce Rédempteur, c'est Notre-Seigneur Jésus-Christ.

———

38ᵉ LEÇON.

Dieu est notre Père.

1. Tous les jours nous disons à Dieu ces belles pa-paroles : « Notre Père qui êtes aux cieux, etc. »

2. Dieu est donc notre père et nous sommes ses enfants; c'est pour nous une grande noblesse, une grande dignité.

3. Or, les enfants ont des devoirs à remplir envers leurs parents : ils doivent les aimer, les respecter, leur obéir.

4. Mais si nous devons aimer et respecter nos parents de la terre, nous devons, à

plus forte raison, aimer notre père qui est dans les cieux; nous devons le respecter et le servir, c'est-à-dire faire sa volonté, éviter ce qu'il défend et pratiquer ce qu'il ordonne.

5. Dieu, qui est infiniment bon, ne demande pas que nous le servions gratuitement; au contraire, il veut donner une récompense infinie et éternelle à ceux qui l'auront bien servi sur la terre, à ceux qui auront observé ses commandements, à ceux qui auront évité le péché et pratiqué la vertu.

39ᵉ LEÇON.

Amour de Jésus-Christ pour les enfants.

1. Jésus-Christ aimait beaucoup les enfants sages, et, pour le leur prouver, il disait à ceux qui voulaient les empêcher de s'approcher de lui, ces belles paroles : « Laissez ces petits enfants venir à moi; » et quand ils étaient près de lui, il les bénissait.

2. Jésus-Christ bénit encore les enfants sages, et il veut toujours les aimer et les bénir. Mais pour mériter ces faveurs, il faut marcher sur ses traces.

3. Pour être notre modèle,

Jésus-Christ s'est fait petit enfant, et il a pratiqué toutes les vertus propres à cet âge.

4. Il était soumis à Marie, son auguste mère, et à saint Joseph, son père nourricier. A son exemple, vous devez être soumis à vos parents.

5. Il est dit encore qu'il croissait en grâce et en sagesse, à mesure qu'il avançait en âge; c'est-à-dire qu'il laissait paraître de plus en plus la grâce qui était en lui, pour nous apprendre que, chaque jour, nous devons croître en vertu, en sainteté.————

40e LEÇON.

De la prière.

1. Un jour les apôtres dirent à Jésus-Christ : « Seigneur, apprenez-nous à prier, » et il leur répondit : « Quand vous voudrez prier, dites :

2. « Notre Père, qui êtes aux cieux, que votre nom soit sanctifié, que votre règne arrive, que votre volonté soit faite sur la terre comme au ciel.

3. « Donnez-nous aujourd'hui notre pain de chaque jour; pardonnez-nous nos offenses comme nous pardonnons à ceux qui nous ont offensés; et

ne nous laissez pas succomber à la tentation, mais délivrez-nous du mal. Ainsi soit-il. »

4. Et il disait aussi : « Tout ce que vous demanderez à mon Père en mon nom, vous sera accordé. »

5. Il faut cependant bien remarquer que cette promesse, si consolante, suppose toujours que la prière sera faite avec les dispositions nécessaires.

6. Nous devons prier pour nous, pour le prochain et spécialement pour nos parents vivants et morts.

41ᵉ LEÇON.

Dévotion à la très-sainte Vierge.

1. Tout le monde doit aimer la très-sainte Vierge et avoir en elle une grande confiance.

2. Les pécheurs doivent la regarder comme leur asile contre la justice de Dieu; les bons, lui demander la persévérance.

3. Les mamans chrétiennes lui consacrent leurs enfants dès leur bas âge.

4. Les enfants pieux l'appellent leur mère, leur bonne mère, leur tendre mère, et récitent avec une sincère dévotion cette belle prière :

5. « Je vous salue, Marie, pleine de grâce, le Seigneur est avec vous; vous êtes bénie entre toutes les femmes, et Jésus, le fruit de votre sein, est béni.

6. « Sainte Marie, Mère de Dieu, priez pour nous, pauvres pécheurs, maintenant et à l'heure de notre mort. Ainsi soit-il. »

7. Le bon petit Antoine ne manquait jamais de recommander ses parents à la très-sainte Vierge. Il demandait pour eux la santé pour le temps, et le salut pour l'éternité.

42ᵉ LEÇON.

Amour des parents pour leurs enfants.

1. Dieu, qui est votre père du ciel, a bien voulu vous donner un père et une mère pour le représenter en ce monde.

2. Ce père et cette mère vous aiment aussi beaucoup, et tous les jours ils vous en donnent des preuves convaincantes.

3. Que de soins, que d'attentions, que de caresses ne vous prodiguent-ils pas chaque jour!

4. Ils ne pensent qu'à vous rendre heureux et contents; ils ne travaillent que pour vous, ils ne vivent que pour vous.

5. Tout cela, mon cher enfant, est bien propre à exciter votre reconnaissance; mais ne pouvant pas encore prendre part à leurs pénibles travaux, vous devez au moins ne pas leur occasionner, par votre faute, des dépenses inutiles.

6. André disait un jour à son petit frère Bertrand : « Il faut avoir bien soin de nos livres, de nos cahiers et de nos habits, parce que, pour en acheter d'autres, nos parents seraient obligés de dépenser l'argent qu'ils gagnent si péniblement. »

43° LEÇON.

Amour des enfants pour leurs parents.

1. Nous avons dit que vos parents vous aiment beaucoup, et qu'ils font tout ce qu'ils peuvent pour vous rendre heureux : il faut donc les payer de retour, par un amour sincère et véritable.

2. Il faut leur prouver cet amour du cœur par des manières aimables, un air gracieux, des paroles douces, des services affectueux.

3. Tout recommande aux enfants cet amour tendre et sincère pour leurs parents :

Dieu le veut, la nature le réclame, la reconnaissance l'exige impérieusement.

4. Le père et la mère sont les meilleurs amis de leurs enfants; c'est ainsi que le comprenait le jeune Louis.

5. Son père lui dit un jour de choisir un ami pour aller se promener avec lui.

6. « Papa, lui répondit le bon petit enfant, je n'aurai jamais de meilleur ami que vous; c'est avec vous que je trouve tout ce que je puis désirer en ce monde. » Beau modèle à imiter!

44ᵉ LEÇON.

Respect dû aux parents.

1. Nous devons respecter nos parents, c'est-à-dire avoir pour eux des sentiments pleins d'une sainte vénération, les regardant comme les véritables représentants de Dieu à notre égard.

2. Ce respect ne doit pas se borner aux sentiments du cœur : il doit se manifester extérieurement et dans nos manières d'agir à leur égard ;

3. Nous devons nous découvrir lorsque nous les abordons, et ne leur parler qu'avec retenue et modestie ;

4. Ne jamais bouder et encore moins nous fâcher, ou murmurer contre eux;

5. Supporter les défauts que nous pourrions remarquer en eux, et n'en jamais parler, surtout devant des étrangers.

6. Il serait honteux pour un enfant de publier les défauts de ses parents.

7. C'est surtout dans leurs maladies et dans leur vieillesse qu'un enfant bien né doit prouver son amour, son respect et sa reconnaissance envers ses parents, en leur rendant tous les services dont il est capable.

Obéissance due aux parents.

1. Le vrai moyen que nous avons de prouver à nos parents que nous les aimons et que nous les respectons, c'est de leur obéir avec toute l'exactitude et la bonne volonté dont nous sommes capables.

2. Pour être agréable à Dieu et à nos parents, notre obéissance doit avoir les qualités qui lui sont propres :

3. Elle doit être entière, faisant exactement ce qui est commandé, à moins que ce ne soit une chose défendue par

les commandements de Dieu
ou par ceux de l'Église;

4. Elle doit être prompte, ne
se faisant pas répéter plu-
sieurs fois l'ordre donné;

5. Respectueuse, obéissant
avec joie et contentement, et
non en murmurant.

6. Le bon Dieu a dit que
les enfants qui ne respectent
pas leurs parents, qui leur
causent du chagrin, seront sé-
vèrement punis, et qu'au contraire ceux qui les respectent
recevront de lui une bénédic-
tion toute spéciale.

46e LEÇON

Respect dû aux vieillards, aux infirmes, etc.

1. Vous êtes bien jeunes, mes chers amis, et vous ne savez pas si vous deviendrez vieux : Dieu seul le sait.

2. Mais il y a des personnes parvenues à un âge avancé, et ne portant plus sur leur tête vénérable que quelques restes d'une chevelure blanchie par les années et par de pénibles travaux;

3. Il y a des personnes dont les facultés intellectuelles ont perdu de leur énergie;

4. Des sourds, des muets,

des aveugles, des estropiés et autres infirmes, vraiment dignes de pitié;

5. Et, cependant, il y a des enfants assez mal élevés pour oser se moquer de ces pauvres affligés! Et c'est très-mal.

6. Qu'il n'en soit pas ainsi de vous, mes chers amis; mais, au contraire, que le malheur des autres vous porte à la compassion; qu'il soit aussi pour vous un motif de reconnaissance envers Dieu, qui vous a donné, et qui vous conserve l'usage de vos sens et de vos facultés.

47º LEÇON.
*Respect dû aux personnes constituées
en dignité.*

1. Vous devez, mes chers amis, non-seulement respecter vos parents, mais encore tous ceux qui, par leur dignité et les fonctions qu'ils remplissent, sont au-dessus de vous.

2. Tels sont pour vous et dans votre localité, monsieur le curé et les autres prêtres de la paroisse, monsieur le maire, et les honorables personnes qui viennent de temps en temps encourager vos efforts.

3. Vous devez respecter ceux qui, pour vous instruire, sacri-

fient leur temps et s'usent à votre service, comme aussi les religieux et les religieuses.

4. Vous devez encore respecter vos condisciples, leur parler toujours d'une manière honnête et convenable, et leur rendre tous les services qui dépendent de vous.

5. Enfin, vous devez vous respecter vous-mêmes par la pratique d'une grande modestie en toutes choses, vous souvenant que Dieu vous voit, et que votre corps est le temple vivant du Saint-Esprit.

Reconnaissance.

1. Une des plus grandes injures que l'on puisse faire à quelqu'un, c'est assurément de le taxer d'ingratitude.

2. Et cependant, combien de fois ne se rend-on pas coupable de ce vice détestable, sans presque s'en apercevoir!

3. Il est certain que nous sommes redevables à Dieu de tout ce que nous sommes et de tout ce que nous avons, et cependant comment le payons-nous?

4. Que de pauvres parents se voient délaissés par leurs en-

fants au moment où ils auraient le plus besoin de leur secours !

5. Que de personnes qui, par leurs sacrifices et leurs travaux, ont contribué à notre bien-être, à notre éducation, et dont nous avons oublié les bienfaits et les services !

6. Nous disons à un ami que nous sommes à lui, à la vie et à la mort, et, pour la plus futile raison, nous l'abandonnons !

7. Il est donc bien évident que si les sentiments de la reconnaissance élèvent l'âme, l'ingratitude l'abaisse et l'avilit singulièrement.

Un enfant bien élevé.

1. Un enfant sage se lève, le matin, dès qu'on l'éveille ; il donne son cœur à Dieu et s'habille promptement et avec modestie, pensant que son bon ange le regarde, et surtout que Dieu est là présent !

2. Il fait sa prière avec piété, et ne manque jamais de se peigner, de se laver les mains et la figure.

3. Il s'empresse d'aller souhaiter le bonjour à son père, à sa mère et à toutes les personnes de la maison.

4. Il est très-obéissant et très-soumis aux ordres de ses parents : un signe lui suffit.

5. Il est très-affectueux envers ses frères et ses sœurs, leur parle toujours très-cordialement, et partage avec eux tout ce qu'on lui donne.

6. Il est honnête envers tout le monde, et ne répond jamais que d'une manière très-convenable à tous ceux qui lui adressent la parole.

7. Il ne profère jamais de mensonge, lors même qu'en disant la vérité, il s'exposerait à être grondé.——————

50e LEÇON.

Malheur d'une mauvaise éducation.

1. Le petit Léon est un enfant fort mal élevé, malheureusement pour lui : aussi fait-il beaucoup de peine à ses parents.

2. Il faut l'appeler plusieurs fois, pour le faire lever.

3. Lorsque enfin il s'est levé, il ne fait pas de prière, et s'il se présente devant ses parents, c'est presque toujours dans une tenue peu convenable et peu respectueuse.

4. Il est très-peu complaisant pour ses petits frères et ses petites sœurs.

5. Il n'a nul soin de ce qui est à son usage: ses habits, ses livres, tout est en désordre.

6. On ne peut rien lui dire sans le faire fâcher, crier, murmurer ou bouder.

7. N'aimant à fréquenter que les petits mauvais sujets, il deviendra bientôt comme eux menteur, gourmand, paresseux, et, par une suite comme nécessaire, capable des plus grands désordres..

8. Son avenir, comme on peut le prévoir, sera bien déplorable s'il ne change de conduite.

51e LEÇON.

Nécessité de l'instruction.

1. Un enfant qui ne sait ni lire ni écrire, est presque semblable à un aveugle.

2. L'aveugle ne voit pas les objets qui l'entourent, il ne distingue rien.

3. Le blanc, le noir, le bleu, le vert, le gris, le rouge, sont pour lui des choses inconnues.

4. Il en est presque de même de l'ignorant : un livre est pour lui un trésor enfermé sous clé : il n'y voit rien de ce qui fait l'admiration des personnes instruites.

5. Est-il éloigné de ses parents, il ne peut sans le secours d'autrui ni leur écrire, ni lire leurs réponses.

6. Le jeune Marcel comprenait bien cette vérité, lorsqu'il disait à sa chère maman : « Maman, je veux aller à l'école pour apprendre à lire, à écrire, et tout ce qu'on y enseigne.

7. « Je veux pouvoir vous écrire et lire les réponses et les avis que votre bon cœur voudrait bien m'adresser, si, par malheur, j'étais obligé de me séparer de vous. »

Enfants modèles.

1. André veut aimer le bon Dieu de tout son cœur.

2. Benoît aime sincèrement son bon papa, sa tendre maman et ses autres parents.

3. Clément chérit son petit frère et sa petite sœur.

4. Denis est très-complaisant envers tout le monde.

5. Eugène veut apprendre à lire, à écrire, à compter, et beaucoup d'autres choses.

6. François dit bien ses prières, récite bien ses leçons.

7. Georges se comporte

très-convenablement à l'école ;
il garde bien le silence.

8. Henri est un bon élève :
il gagne tous les jours des bons
points et des bonnes notes.

9. Julien prie tous les jours
pour son papa, pour sa maman
et pour ses autres parents.

10. Louis sait toujours sa
leçon, lorsqu'il vient en classe.

11. Martin aime beaucoup
à rendre service : on l'a vu
remettre un aveugle sur le
chemin, et soulager une pauvre
femme âgée en portant pour
elle un lourd fardeau.

53ᵉ LEÇON.

53ᵉ LEÇON.

Enfants modèles (suite).

1. Nicolas est très-bon envers ses camarades : il leur prête souvent des bons points.

2. Onésime ne se fait jamais mettre sur la liste des enfants volages et dissipés.

3. Paul dit toujours la vérité ; il ne ment jamais, fût-ce même pour s'excuser.

4. René gagne souvent des places, et c'est pour cela que ses parents l'aiment beaucoup.

5. Simon a été deux fois, pendant le mois, le premier de sa classe.

6. Thomas pourra, avec ses bons points, acheter une des plus belles récompenses du mois.

7. Urbain ne fréquente jamais les enfants dissipés, volages et capables de lui donner de mauvais exemples ou de mauvais conseils.

8. Victor tâche de ne faire, volontairement, peine à personne.

9. Zéphyrin a gagné deux fois la croix, pendant ce mois.

10. Voilà des enfants dignes d'être présentés, comme modèles, à tous leurs condisciples.

54ᵉ LEÇON.

La grande famille du monde.

1. Dans une famille bien réglée, tous ceux qui la composent, travaillent les uns pour les autres, chacun selon la profession qu'il a embrassée.

2. Il en est de même dans la grande famille du monde: tous travaillent aussi les uns pour les autres.

3. Le cultivateur nous donne le blé, et il élève le bétail pour notre nourriture.

4. Le meunier fait la farine, et le boulanger fait notre pain.

5. Le maçon, le charpentier,

le menuisier, le serrurier et le couvreur font nos maisons.

6. Le tailleur fait nos habits, le cordonnier nos souliers, le chapelier nos chapeaux ; la couturière confectionne nos chemises, nos draps, nos serviettes, etc.

7. L'imprimeur et le relieur nous préparent de jolis livres de prix, pour les vacances.

8. D'où il résulte que nous sommes tous les serviteurs les uns des autres. Il n'y a que les paresseux qui ne font rien, soit pour eux, soit pour la société.

55ᵉ LEÇON.

Devoirs d'un bon élève.

Un enfant qui désire de s'instruire et de répondre, par là, aux désirs de ses parents :

1. Aime sincèrement l'école.

2. Il n'y manque jamais par sa faute, et il tâche même d'y arriver toujours un des premiers.

3. En y allant, il se comporte de la manière la plus convenable, évitant tout ce qui pourrait troubler l'ordre public et déranger les voisins.

4. Il évite aussi la rencontre des camarades qui pourraient le détourner de ses devoirs.

5. Comme il désire que ses parents et ses maîtres soient contents de lui, il prépare soigneusement son travail d'école.

6. Arrivé en classe, il se rend en silence à sa place, dispose ses effets et repasse ses leçons.

7. Il tient dans un très-grand ordre tout ce qui est à son usage, c'est-à-dire, ses livres, ses cahiers, ses plumes, ses vêtements, etc.

8. Il ne manque jamais de se laver les mains et la figure toutes les fois qu'il en est besoin.

———

56ᵉ LEÇON.

Conduite d'un mauvais élève.

1. Un mauvais élève n'aime que le jeu et les amusements.

2. Il ne va à l'école que comme par force, et le plus tard possible; il s'en absente le plus souvent qu'il le peut et pour les plus futiles raisons.

3. Il n'a pas de goût pour s'instruire; il ne prépare pas ses leçons et ne fait pas les devoirs que le maître lui a donnés.

4. En classe, il n'est ni attentif, ni silencieux, et, au lieu d'écouter les leçons du maître, il ne pense qu'à s'amuser.

5. S'il y a un groupe d'enfants dissipés dans la classe, dans les cours ou dans les rues, il s'y montre toujours un des plus ardents à crier, à faire du bruit, à disputer, etc.

6. Ses livres, ses cahiers, en un mot tous ses effets sont mal tenus, mal en ordre.

7. Ses parents et ses professeurs voudraient bien pouvoir l'encourager par quelques bonnes paroles ou par quelques récompenses ; mais il ne leur en fournit jamais l'occasion : c'est bien fâcheux pour lui.

57e LEÇON.

57e LEÇON.

Soins raisonnables de sa santé.

1. La bonne santé est un trésor véritable ; mais malheureusement nous ne le possédons pas toujours, ce trésor ; car nous sommes sujets à diverses maladies et à de nombreuses et fréquentes infirmités.

2. Il est cependant bien prouvé qu'on préviendrait un grand nombre de ces fâcheux accidents si l'on prenait certaines précautions.

3. Par exemple, il est très-dangereux de passer brusquement du chaud au froid, de s'as-

seoir ou de se coucher sur un sol frais et humide, de s'exposer à des courants d'air, lors même qu'il ne ferait pas froid.

4. Il ne faut jamais boire froid, surtout de l'eau ou du lait, quand on a chaud, ni garder sur soi des vêtements mouillés soit par la sueur, soit autrement, ni se baigner après avoir mangé.

5. Il faut soigneusement éviter les excès de table, surtout à l'égard du vin et des liqueurs fortes;

6. Ne jamais attendre, pour appeler un médecin, qu'une indisposition devienne une maladie.

58e LEÇON.

Objets alimentaires.

1. Nous avons, en France, tout ce qu'on peut désirer sous le rapport de la nourriture : un excellent pain et de la viande en abondance ;

2. Viande de bœuf, de vache, de veau, de mouton, de brebis, d'agneau, de chevreau, etc.

3. Nous avons en outre la volaille, dite de basse-cour, comme le poulet, le coq, la poule, le canard, la dinde, l'oie, etc.

4. Nous avons aussi le gibier, comme le lièvre, le lapin, le cerf, le daim, le chevreuil, le san-

glier; et enfin ce qu'on appelle menu gibier, comme le faisan, la perdrix, la grive, le merle, la bécassine, l'alouette, etc.;

5. Le lait, le beurre, le fromage de vache, de chèvre et de brebis;

6. Les légumes, les plantes potagères, et notamment la pomme de terre; le miel, l'huile, le sucre, etc.

7. Pour boisson, nous avons le vin, la bière, le cidre, et par-dessus tout une eau excellente, la plus saine et la plus nécessaire de toutes les boissons.

59e LEÇON

Des fruits.

1. Parmi les enfants, il y en a qui n'aiment pas la viande, d'autres ne mangent pas volontiers certains légumes, quelques-uns ne peuvent pas manger de fromage; mais tous aiment singulièrement les fruits.

2. Heureusement pour eux, la France leur en offre abondamment. Et, en effet, nous avons une grande variété de pommes, de poires, de pêches, d'abricots, de prunes, de cerises et de figues, ainsi que les oranges et les dattes si abon-

dantes en Algérie, et dont le transport est si facile.

3. Nous avons aussi les noix, les noisettes, les châtaignes ou marrons, les nèfles, les amandes, etc.

4. Nous avons également les groseilles blanches et les rouges, les fraises, les framboises, le cassis; enfin, nous avons le raisin, dont l'usage est à peu près universel, et dont il se fait une très-grande consommation comme dessert, outre l'étonnante quantité employée à faire le vin, l'alcool, le vinaigre.

Vêtements.

1. Nous avons dit que la France produit abondamment tout ce qui est nécessaire pour la nourriture et la boisson : on peut en dire autant pour ce qui regarde nos vêtements.

2. Et, en effet, nous avons la soie en très-grande quantité.

3. Le commerce l'offre, comme vêtement, aux personnes qui ont le moyen d'en faire usage. Il l'emploie aussi aux ornements sacerdotaux, aux décorations des églises et des palais, etc.

4. Elle entre également dans la passementerie, la tapisserie et dans divers tissus dits étoffes d'or et d'argent, etc.

5. Nous avons les laines ordinaires, et celles dites de mérinos, pour la draperie, etc.;

6. Les cuirs pour la chaussure, la carrosserie, la sellerie;

7. Les peaux pour la ganterie, la librairie, et autres usages, etc.;

8. Le crin pour la literie, la tapisserie, etc.;

9. Le chanvre et le lin pour le linge de corps, de table, etc.

61ᵉ LEÇON.

Animaux domestiques.

1. Parmi les animaux, il y en a qu'on désigne sous le nom d'animaux domestiques, comme le bœuf, la vache, le cheval, le mulet, l'âne, qui sont indispensables pour les travaux de la campagne. Dans certains pays, on se sert très-avantageusement du renne, du chameau, du dromadaire, de l'éléphant, etc.

2. Il y a aussi le mouton, la brebis, la chèvre, le porc, dont l'homme tire les plus grands avantages.

3. Viennent ensuite les di-

verses espèces de chiens et de chats, et les oiseaux de basse-cour, tels que la poule, le coq, le dindon, l'oie, le canard, le pigeon, le paon, etc.

4. Mais il y a aussi des animaux sauvages et carnassiers, tels que le loup, le renard, le lion, le tigre, l'ours, etc.

5. Il en est de même de certains oiseaux, comme l'aigle, le vautour, l'épervier, etc.

6. Enfin il y en a d'inoffensifs, qui par leurs chants réjouissent nos oreilles, et dont le plumage charme nos regards._____

62e LEÇON.

Animaux utiles.

Parmi les animaux les plus utiles, on distingue :

1. Le bœuf si propre aux travaux de la campagne et qui, outre sa chair, qu'il nous donne comme nourriture, nous offre encore sa peau, ses os et le reste de sa dépouille;

2. La vache, qui nous donnant, comme le bœuf, son travail, sa chair et toute sa dépouille, nous offre aussi son lait, dont on fait le beurre et le fromage;

3. La brebis qui, avec sa chair et son lait, nous donne

encore sa laine pour nos vêtements : il en est à peu près de
même de la chèvre;

4. Le cheval indispensable
pour le commerce, l'industrie
et l'agriculture;

5. Le mulet et l'âne, si utiles
dans les pays montagneux;

6. La volaille, qui nous donne ses myriades d'œufs, une
quantité prodigieuse de viande
pour nos tables, et sa plume
pour la literie.

7. Maltraiter les animaux,
les tourmenter, les tuer sans
nécessité, c'est une cruauté.

63ᵉ LEÇON.

Division du temps.

1. Une semaine se com-
pose de sept jours, qu'on appelle dimanche, lundi, mardi,
mercredi, jeudi, vendredi et
samedi.

2. Un jour se compose de
vingt-quatre heures, à partir
de minuit à minuit; une
heure compte soixante mi-
nutes, une minute soixante
secondes. Une seconde équi-
vaut à un battement de pouls
chez une personne jouissant
d'une bonne santé.

3. Quatre semaines, ou à peu

près, font un mois; douze mois font un an.

4. Les douze mois ont été appelés janvier, février, mars, avril, mai, juin, juillet, août, septembre, octobre, novembre et décembre. Cent ans font un siècle.

5. On peut travailler durant six jours de la semaine; mais tout chrétien doit observer le repos du dimanche et des fêtes d'obligation.

6. Il faut sans doute loger, nourrir et vêtir le corps; mais il faut aussi sanctifier l'âme.

64ᵉ LEÇON.

Les quatre saisons.

L'année se divise en quatre saisons : l'hiver, le printemps, l'été, l'automne.

1. L'hiver commence vers le 21 décembre, c'est-à-dire au moment où, en Europe, les jours sont les plus courts et les nuits plus longues: c'est l'époque du froid.

2. Le printemps commence vers le 21 mars, c'est-à-dire au moment où les jours sont égaux aux nuits; alors toutes les plantes commencent à pousser.

3. L'été commence vers le

21 juin; c'est le temps où la terre nous prodigue ses abondantes richesses.

4. L'automne commence vers le 21 septembre; alors les jours sont de nouveau égaux aux nuits : c'est le temps où le cultivateur recueille les derniers fruits de l'année et fait ses provisions pour l'hiver.

5. C'est ainsi qu'en hommes sages nous devons prévoir les besoins futurs et la morte saison, la vieillesse, les infirmités, et les autres divers accidents de la vie.

65e LEÇON.

Les trois règnes.

1. Tous les êtres matériels qui sont, soit dans le sein de la terre, soit à sa surface, se divisent en trois ordres, qu'on appelle vulgairement règnes.

2. Il y a trois règnes : le règne minéral, le règne végétal, et le règne animal.

3. Le règne minéral comprend les minéraux proprement dits, comme les diverses sortes de terres, de sables, de pierres, de marbres, la houille ou charbon de terre, etc.

Il comprend aussi les métaux, tels que le platine, l'or, l'argent, le fer, le cuivre, le plomb, le zinc, le mercure, etc.

4. Le règne végétal comprend tout ce qui, tenant à la terre par racines, pousse et grandit, c'est-à-dire toutes les plantes.

5. Le règne animal comprend tous les êtres qui peuvent agir, se déplacer, se mouvoir, etc. L'homme est classé dans cette catégorie, ainsi que tous les animaux qui vivent sur la terre ou dans les eaux.

66e LEÇON.

Les apôtres.

1. Jésus-Christ, prêchant l'Évangile, choisit douze disciples principaux qu'il nomma apôtres, c'est-à-dire envoyés.

Voici leurs noms : Pierre, et André son frère ; Jacques fils de Zébédée, et Jean son frère ; Philippe et Barthélemi ; Thomas et Matthieu ; Jacques fils d'Alphée, et Thaddée ; Simon le Chananéen, et Judas qui le trahit. Mathias fut élu, avant la Pentecôte, pour remplacer le traître Judas.

2. On donne aussi le nom d'apôtres à S. Paul et à S. Barnabé.

3. Par extension, on donne pareillement le nom d'apôtres à de grands personnages qui se sont dévoués d'une manière spéciale à évangéliser certaines contrées, ou qui se sont consacrés à des œuvres d'un mérite particulier.

4. C'est ainsi que saint Denis est appelé l'apôtre de la France; saint Augustin et saint Germain d'Auxerre, les apôtres de l'Angleterre; saint Patrice, l'apôtre de l'Irlande; saint François Xavier, l'apôtre des Indes et du Japon; saint François de Sales, l'apôtre du Chablais;

saint Jean-François Régis, l'apôtre du Velay; saint Vincent de Paul, l'apôtre de la charité; le vénérable Jean-Baptiste de La Salle, l'apôtre de la jeunesse.

5. Un enfant qui, par ses conseils et par ses exemples, porterait un parent, un ami, un camarade à se conduire d'une manière convenable, qui le convertirait, le disposerait à mourir saintement, par la réception des sacrements, etc., serait l'apôtre de ce parent, de cet ami, de ce camarade, de ce malade, de ce mourant.....

67ᵉ LEÇON.

Avis divers.

1. N'oubliez jamais, mes chers amis, les bons principes que vous avez reçus dans votre jeunesse.

2. Aimez Dieu de tout votre cœur, et servez-le fidèlement.

Respectez sa présence en tous temps et en tous lieux.

3. Aimez vos parents, et ne les chagrinez jamais. Les larmes d'un père et d'une mère crient vengeance devant Dieu.

4. Comportez-vous à l'égard du prochain comme vous voulez qu'on se comporte envers vous.

5. Gardez-vous de contracter aucune de ces mauvaises habitudes qui dégradent l'homme, telles que la paresse, l'ivrognerie, la jalousie, les emportements de la colère et de la vengeance; comme aussi de tout ce qui est opposé à l'honneur, à la probité, aux bonnes mœurs.

6. Tâchez de prévoir, autant que possible, quelles pourraient être les suites de ce que vous voulez entreprendre, et ne manquez jamais, dans les affaires importantes, de consulter une personne sage, éclairée et désintéressée.

7. Faites, pendant votre vie, ce que vous voudrez avoir fait au moment de votre mort.

8. Pratiquez la religion, fréquentez les sacrements.

9. Retenez bien ces maximes :

1º L'aumône n'a jamais appauvri ceux qui la font.

2º Le bien mal acquis n'a jamais profité.

3º Les prières du matin et du soir n'ont jamais retardé les travaux de la journée.

4º La sanctification des dimanches et fêtes n'a jamais nui aux affaires.

Moyens à employer pour se faire une bonne réputation.

L'enfant qui veut être estimé de Dieu et des hommes doit :

1º Remplir exactement ses devoirs religieux;

2º Respecter ses parents et toutes les personnes constituées en dignité;

3º Être honnête et convenable envers tout le monde;

4º Ne se permettre ni mensonge ni duplicité;

5º Ne jamais parler des défauts du prochain, et encore moins de ceux de ses parents;

6º Respecter les vieillards

et prendre part aux souffrances des pauvres, des malades, des infirmes, des estropiés, etc.;

7° Ne se permettre aucune de ces légèretés déplacées qu'on appelle vulgairement gamineries, mauvaises farces, même à l'égard des animaux;

8° Aimer à obliger le prochain et à lui rendre service;

9° Ne jamais se montrer exigeant pour la nourriture et les vêtements, ni pour les autres besoins de la vie;

10° Éviter toute occasion de disputes, de querelles et de mésintelligence.

11° Fuir la compagnie de ceux qui seraient dans le cas de lui apprendre à dire ou à faire ce qu'il aurait honte de dire ou de faire devant ses parents, ses maîtres, ou toute autre personne respectable.

12° Ne jamais désirer et encore moins s'approprier ce qui ne lui appartient pas, même dans la maison paternelle.

13° Rendre ce qu'il a trouvé ou le déposer entre les mains d'une personne respectable. A Paris, on porte au commissaire du quartier ce qu'on a trouvé.

FIN

PRIÈRES

LA SAINTE MESSE

AU COMMENCEMENT DE LA MESSE

† Au nom du Père, et du Fils, et du Saint-Esprit.
Ainsi soit-il.

Mon Dieu, je vais entendre la sainte Messe pour vous rendre mes devoirs d'amour et d'adoration, vous demander les grâces dont j'ai besoin, vous remercier de toutes celles que j'ai reçues, et recommander à votre bonté mes parents vivants et morts.

Au Confiteor.

Je confesse à Dieu tout-puissant, à la bienheureuse Marie toujours vierge, à saint Michel archange, à saint Jean-Baptiste, aux apôtres saint Pierre et saint Paul, à tous les saints, et à vous, mon père, que j'ai beaucoup péché, par pensées, par paroles, par actions et par omissions : c'est ma faute, c'est ma faute, c'est ma très-grande faute. C'est pourquoi je supplie la bienheureuse Marie toujours vierge, saint Michel archange, saint Jean-Baptiste, les apôtres saint Pierre et saint Paul, tous les saints, et vous, mon père, de prier pour moi le Seigneur notre Dieu.

Que Dieu tout-puissant nous fasse miséricorde, qu'il nous pardonne nos péchés, et nous conduise à la vie éternelle. Ainsi soit-il.

Que le Seigneur tout-puissant et miséricordieux nous accorde l'indulgence, l'absolution et la rémission de nos péchés. Ainsi soit-il.

Quand le Prêtre monte à l'autel.

Mon Dieu, je vous donne mon cœur, et je vous en consacre toutes les affections.

A l'Introït et au Kyrie.

Seigneur, envoyez votre Esprit dans les cœurs de vos fidèles.

Et vous renouvellerez la face de la terre.

Seigneur, ayez pitié de nous,

Jésus-Christ, ayez pitié de nous.

Esprit-Saint, ayez pitié de nous.

Au Gloria.

Gloire au Père qui m'a créé, gloire au Fils qui m'a racheté, gloire au Saint-Esprit qui m'a sanctifié.

Jésus, Marie, Joseph, bénissez-moi; bénissez aussi tous ceux pour qui je dois prier.

Aux Oraisons.

Ayez pitié de moi, ô mon Dieu, et bénissez-moi; bénissez aussi tous ceux pour qui je dois prier, et spécialement N. N.

Je vous demande cette grâce par l'intercession de Marie, de saint Joseph, de mon ange gardien et de mes saints patrons.

A l'Épître.

Esprit-Saint, venez en nous pour nous éclairer et nous fortifier dans la pratique de la vertu et de toutes les bonnes œuvres que nous recommandent les saints apôtres, et dont Jésus-Christ nous a donné de si admirables exemples.

A l'Évangile.

Je me lève, ô mon Dieu, et je forme le
signe de la croix sur mon front, sur mes
lèvres et sur mon cœur, pour vous offrir et
vous consacrer toutes mes pensées, toutes
mes paroles et toutes mes affections; daignez les bénir et m'accorder la grâce de
vivre et de mourir dans votre saint
amour.

Au Credo.

Je crois en Dieu le Père tout-puissant,
créateur du ciel et de la terre, et en Jésus-
Christ, son Fils unique, notre Seigneur,
qui a été conçu du Saint-Esprit, est né de
la Vierge Marie, a souffert sous Ponce-
Pilate, a été crucifié, est mort et a été en-
seveli, est descendu aux enfers, le troi-
sième jour est ressuscité d'entre les morts,
est monté aux cieux, est assis à la droite
de Dieu le Père tout-puissant, d'où il
viendra juger les vivants et les morts.

Je crois au Saint-Esprit, la sainte Église
catholique, la communion des saints, la

rémission des péchés, la résurrection de la chair, la vie éternelle. Ainsi soit-il.

A l'Offertoire.

Mon Dieu, je vous offre, par les mains du Prêtre, ce pain et ce vin qui vont être changés au corps et au sang de Jésus-Christ votre Fils. Recevez, Seigneur, en odeur de suavité ce sacrifice ineffable, et souffrez que j'unisse à cette oblation sainte le sacrifice que je vous fais de mon corps, de mon âme, et de tout ce qui m'appartient.

Changez-moi, ô mon Dieu, en une nouvelle créature, comme vous allez changer, par votre puissance, ce pain en votre corps adorable, et ce vin en votre précieux sang.

Au Lavabo.

Lavez-moi, Seigneur, dans le sang de l'Agneau divin qui va vous être immolé, et purifiez jusqu'aux moindres souillures de mon âme, afin qu'en approchant de votre saint autel, je puisse élever vers vous des mains pures et innocentes, comme vous me l'ordonnez.

A la Préface.

Conformément à l'invitation du Prêtre, j'élève mon cœur vers vous, ô mon Dieu, pour répéter avec lui, et avec tous les anges et tous les saints du paradis, ces belles paroles : *Saint, Saint, Saint* est le Seigneur le Dieu tout-puissant ; qu'à lui seul soit rendu tout honneur et toute gloire, maintenant et dans les siècles des siècles.

Au Canon.

ACTE DE FOI.

Mon Dieu, je crois fermement toutes les vérités que vous avez révélées et que vous nous enseignez par votre Église, parce que vous ne pouvez ni vous tromper ni nous tromper.

ACTE D'ESPÉRANCE.

Mon Dieu, j'espère avec une ferme confiance que vous me donnerez, par les mérites de Jésus-Christ, votre grâce en ce monde, et, si j'observe vos commandements, votre gloire en l'autre, parce que vous me l'avez promis, et que vous êtes souverainement fidèle dans vos promesses.

ACTE DE CHARITÉ.

Mon Dieu, je vous aime de tout mon cœur et par-dessus toutes choses, parce que vous êtes infiniment bon et infiniment aimable : et j'aime mon prochain comme moi-même pour l'amour de vous.

ACTE DE CONTRITION.

Mon Dieu, j'ai un extrême regret de vous avoir offensé, parce que vous êtes infiniment bon, infiniment aimable, et que le péché vous déplaît; je prends la ferme résolution, moyennant votre sainte grâce, de ne plus vous offenser et de faire pénitence.

A la Consécration.

O Jésus, mon Sauveur et mon Dieu, je crois que vous êtes réellement présent dans le très-saint Sacrement, et, dans cette croyance, je vous adore de tout mon cœur, et je m'offre à vous, comme vous vous offrez vous-même à votre Père céleste pour nous.

Après l'Élévation.

Je vous adore, Jésus-Christ, mon Sauveur, et je vous rends grâces de ce que, par vos souffrances et par votre mort sur la croix, vous avez racheté tous les hommes. O vous qui avez tant souffert pour l'amour de nous, faites-nous miséricorde.

Très-sainte Vierge, notre bonne et tendre mère, saint Joseph, protecteur des enfants, mon saint ange gardien, mes saints patrons, et vous tous, saints et saintes du paradis, priez pour moi, priez pour mes parents.

Au Memento.

Mon divin Jésus, je recommande à votre charité toutes les âmes qui sont dans le purgatoire, et particulièrement M.

Je vous prie aussi, ô mon Dieu, pour tous les vivants, mais surtout pour M.

Au Pater.

L'ORAISON DOMINICALE.

Notre Père, qui êtes aux cieux, que votre nom soit sanctifié; que votre règne arrive; que votre volonté soit faite sur la terre comme au ciel; donnez-nous aujourd'hui notre pain de chaque jour; pardonnez-nous nos offenses, comme nous pardonnons à ceux qui nous ont offensés; et ne nous laissez pas succomber à la tentation, mais délivrez-nous du mal. Ainsi soit-il.

LA SALUTATION ANGÉLIQUE.

Je vous salue, Marie, pleine de grâce; le Seigneur est avec vous; vous êtes bénie entre toutes les femmes, et Jésus, le fruit de votre sein, est béni.

Sainte Marie, Mère de Dieu, priez pour nous, pauvres pécheurs, maintenant et à l'heure de notre mort. Ainsi soit-il.

A l'Agnus Dei.

Divin Jésus, modèle des enfants, ayez pitié de moi, et daignez me bénir.

A la Communion.

Ne pouvant pas encore m'approcher de la sainte table, je vous offre, divin Jésus, la communion du Prêtre et celle des fidèles qui ont le bonheur de vous recevoir aujourd'hui; je veux au moins, et dès ce moment, commencer à me préparer d'une manière toute particulière à ma première communion; et, pour cet effet, je veux bien apprendre mon catéchisme, être bien sage, et bien faire mes prières; daignez m'en accorder la grâce; je vous la demande par l'intercession de la très-sainte Vierge, de saint Joseph, de mon ange gardien et de mes saints patrons.

Aux dernières Oraisons.

Permettez-moi, ô mon Dieu, de venir vous prier de nouveau pour moi, pour mes parents, mes bienfaiteurs et mes amis, et pour les âmes du purgatoire.

✝ Au nom du Père, et du Fils, et du Saint-Esprit. Ainsi soit-il.

Au dernier Évangile.

Mon divin Sauveur, je crois fermement que vous avez accompli le mystère de l'Incarnation en prenant un corps et une âme semblables aux nôtres dans le sein de la très-sainte Vierge votre divine Mère, et celui de la Rédemption en souffrant et mourant pour nous : daignez m'en appliquer les mérites. Ainsi soit-il.

PRIÈRES DIVERSES

En se levant.

† Au nom du Père, et du Fils, et du Saint-Esprit. Ainsi soit-il.

Mon Dieu, je vous donne mon cœur; faites-moi la grâce de passer cette journée dans votre saint amour et sans vous offenser.

PRIÈRE DU MATIN. (*Voir le Catéchisme.*)

Pendant le jour.

Jésus, Marie, Joseph, bénissez-moi; bénissez aussi tous ceux pour qui je dois prier,

Jésus, Marie, Joseph, je vous donne mon cœur, mon esprit et ma vie.

Jésus, Marie, Joseph, assistez-moi dans ma dernière agonie.

Jésus, Marie, Joseph, faites que j'expire en paix en votre sainte compagnie.

PRIÈRE DU SOIR. (*Voir le Catéchisme.*)

SENTENCES

La crainte du Seigneur est le commencement de la sagesse.

Demandez, et vous recevrez.

Cherchez avant tout le royaume des cieux.

Une seule chose est nécessaire.

Que servirait à un homme d'avoir gagné tout l'univers, s'il perdait son âme?

Pardonnez, et on vous pardonnera.

Chacun recueillera selon qu'il aura semé.

Celui qui fréquente les gens sages, le deviendra lui-même; mais celui qui fréquente le méchants, leur deviendra semblable.

La vigilance et la prière nous rendent vertueux.

Ne dites jamais ce que vous ne voulez pas que tout le monde sache.

Souvent on se repent d'avoir parlé, jamais de s'être tu.

Ne faites pas ce qui vous déplaît dans les autres.

Ne faites jamais aux autres ce que vous ne voudriez pas qu'on vous fît à vous-même.

Ne remettez pas à demain ce que vous pouvez et devez faire aujourd'hui.

Le temps perdu ne revient plus.

Le temps est donc le plus précieux des biens.

Notre vie n'est pas à nous; elle est à Dieu.

La science, les richesses et les honneurs ne servent de rien à la mort, la vertu seule conduit au bonheur réel.

L'oisiveté est la mère de tous les vices.

Celui qui ne fait pas le bien est grandement exposé à faire le mal.

Ayez pitié de celui qui souffre.

Celui qui fait l'aumône prête à Dieu, et il lui prête à gros intérêt.

Le véritable ami aime en tout temps.

Celui qui se venge lui-même usurpe les droits de Dieu.

TABLE

Ire PARTIE

Tours. — Impr. Mame.

www.ingramcontent.com/pod-product-compliance
Lightning Source LLC
Chambersburg PA
CBHW051715090426
42738CB00010B/1926